Märchenhafte Umschreibungen

Seniorenbeschäftigung

Märchenrätsel

Vollständige Taschenbuchausgabe

TWENTYSIX
Eine Kooperation zwischen der Verlagsgruppe Random House und BoD

© 2017 Denis Geier

Herstellung und Verlag:
BoD – Books on Demand, Norderstedt

ISBN: 9783740735098

Bibliografische Information der Deutschen Nationalbibliothek:
Die Deutsche Nationalbibliothek verzeichnet diese Publikation in der Deutschen Nationalbibliografie; detaillierte bibliografische Daten sind im Internet über http://dnb.dnb.de abrufbar.

Das Werk, ist urheberrechtlich geschützt. Jede Verwendung ist
ohne Zustimmung unzulässig. Zuwiderhandlungen
werden strafrechtlich verfolgt

Quellenangabe siehe Seite 56

Geschichten und Figuren, die wohl jeder kennt

Egal ob Zwerge, Kobolde oder altbekannte Märchen- und Sagenfiguren. Mit diesem kleinen Rateheft rund um das Thema „Märchen und Sagen" aktivieren Sie bei Ihren Senioren längst vergessene Kindheitserinnerungen. Reisen Sie gemeinsam mit Ihren Bewohnern zurück in eine Zeit voller Freude und Fantasie und gestalten Sie so eine einmalige Erinnerungsrunde. Denn selbst Senioren erinnern sich sehr gerne an die Märchen und Sagen ihrer Kindheit.

Arbeitsablauf:

Erkären Sie ihren Bewohnern, dass Sie nun gemeinsam eine Raterunde durchführen und dass Sie neugierig darauf sind, wer als Erstes den gesuchten Begriff errät. Erklären Sie dies einfach und verständlich mit Ihren eigenen Worten und beginnen dann mit dem Vorlesen des ersten Umschreibungshinweises. Nach jedem Hinweis machen Sie bitte eine kleine Pause, vielleicht kennt ja schon jemand die Lösung? Wenn nicht, lesen Sie bitte den nächsten Hinweis. Dies geht solange weiter, bis der gesuchte Begriff erraten wurde.

Es handelt sich hier um einen Mann aus der Märchenwelt.
Der Mann trägt meist einen langen Mantel und hat einen großen Schlapphut auf dem Kopf.
Obwohl er auch hexen kann, ist er nicht der Mann der Hexe.
Sein Handwerkszeug ist in erster Linie ein ganz besonderer Stab, meist besteht er aus Holz.
Oft wird der Mann auch von anderen magischen Geschöpfen begleitet.
Ein ganz berühmter seiner Art trug vor nicht langer Zeit den Vornamen Harry.
Lösung: Zauberer.

Sie ist eine ganz besonders schöne Frau.

Es gibt diese Art von Frau aber auch nicht nur in guter Variante, sondern auch als Böse, dann ist sie meist sehr hässlich.

Diese Frau hat Flügel und kann damit hinfliegen, wo sie möchte.

Die Gute ist zu den Menschen lieb, die Böse hingegen führt nichts Gutes im Schilde.

Wer nach ihr ruft, der bekommt Besuch von ihr.

Am liebsten erfüllt diese Frau Menschen ihre größten Wünsche, die sie haben.

Lösung: Fee.

Es ist ein kleiner Mann, der allein im Wald wohnt.

Er hilft einer Müllerstochter dabei, Stroh zu Gold zu spinnen.

Niemand weiß den Namen des kleinen Mannes, der nachts immer wieder um ein Lagerfeuer herum tanzt und dabei seinen Namen nennt.

Als Belohnung für das gesponnene Gold möchte er später das Baby der Königin haben.

Sie soll seinen Namen erraten, um ihr Baby behalten zu können.

Ein Bote erfährt im Wald schließlich den Namen und verrät ihn der Königin.

Lösung: Rumpelstilzchen.

Diese kleinen Teile bestehen aus einem leckeren gebackenen Lebensmittel.

Sie werden mit den Händen zu kleinen Stückchen gebröselt.

Mädchen und Jungen naschen auch gern von ihnen, wenn sie Hunger haben.

Hänsel und Gretel haben diese kleinen Brösel hinter sich her gestreut, um den Weg aus dem Wald nach Hause zurück zu finden.

Sie werden von den Menschen auch gern an Enten, Tauben und andere Vögel verfüttert.

Auch bei Hänsel und Gretel wurden diese im Wald von den Vögeln weggepickt, so dass sie sich schließlich doch im Wald verlaufen haben.

Lösung: Brotkrumen.

Es handelt sich hier um zwei verschiedene Tiere aus Feld, Wald und Wiese.

Eines der Tiere hat besonders lange Ohren, einen kleinen Stummelschwanz, futtert gerne Möhren und ist ganz besonders schnell.

Das andere Tier dagegen ist sehr langsam, hat eine kleine Stupsnase und ist rundherum mit Stacheln übersät.

In einer Geschichte treten die beiden gegeneinander in einem Wettlauf an, wobei der schnellere von beiden sich über den langsameren lustig macht und ihn verhöhnt.

Der Stachelige dagegen überlistet das Langohr, indem er seine Frau in das Ziel stellt und so schließlich das Spiel gewinnt.

Die Geschichte ist eine Fabel, die uns lehrt, dass man nicht, wie das Langohr, stolz und hochmütig anderen gegenüber sein soll.

Lösung: Der Hase und der Igel.

Dieses Tier hat noch niemand wirklich gesehen.

Dennoch kennt jeder das Tier und weiß genau, dass es ein großes Maul mit spitzen Zähnen hat und mit einem gewaltigen Schwanz ausgestattet ist. Eine Zackenmähne zieht sich außerdem über seinen langen Hals.

Jedes Kind weiß auch, dass dieses Tier in allen möglichen Farben vorkommen kann, am bekanntesten ist es aber in der Farbe Grün. Dabei glänzt es leicht.

Das Aussehen erinnert stark an eine riesige Eidechse.

Es hat außerdem riesige Flügel, mit denen es fliegen kann.

Am meisten Furcht verbreitet dieses gefährliche Tier, wenn es sein Maul öffnet - es frisst nicht nur alles auf, sondern kann außerdem Meterweit Feuer speien.

Lösung: Drache.

Meistens ist es eine alte Frau, die allein im Wald lebt und nichts Gutes im Schilde führt.

Ihre besonderen Merkmale sind zottelige Haare, eine Hakennase und darauf eine große, knubbelige Warze. Oft trägt sie ein Kopftuch und hat einen einzigen Zahn, der ihr aus dem Mund hervor schaut.

Ihr steter Begleiter ist eine schwarze Katze, die den ganzen Tag lang auf ihrem Buckel sitzt und ihr zuredet.

Die alte Frau ist meist böse und verwandelt gern Menschen in Tiere oder Gegenstände.

In ihrer Küche kocht sie kein gewöhnliches Essen, sondern giftiges Gebräu, das bunt und brodelnd in den Töpfen gart und für Verwandlungen jeder Art gebraucht wird.

Eine ganz bekannte ihrer Art wohnte einst in einem Haus tief im Wald, das rundherum mit bunten Pfefferkuchen verziert war und Kinder anlockte, die sie fressen wollte.

Lösung: Hexe.

Dies ist ein ganz seltener Vogel,
dem magische Kräfte nachgesagt werden.

Er wird außerdem oft auch Feuervogel genannt, weil
er, wenn er alle 500 Jahre stirbt, in Feuer aufgeht.

Dieses magische Tier gilt allerdings als unsterblich,
da es jedes Mal, wenn es verbrennt, aus seiner
eigenen Asche wieder
aufersteht und neu geboren wird.

Durch das Verbrennen scheint er zunächst verloren,
erwacht dann aber wieder in ganz neuem Glanz.

Meist ist dieser mysteriöse Vogel gelb,
orangefarben oder rot, was ihn einmal mehr mit dem
Element Feuer in Verbindung bringt.

In welchem Märchen dieser besondere Vogel auch
auftaucht, er bringt den Menschen meist Glück.

Lösung: Phoenix.

Hier geht es um eine Königstochter, die den Namen einer pieksigen und dennoch schönen Pflanze trägt.

Das Mädchen sticht sich eines Tages an einer Spindel und verfällt daraufhin in einen hundertjährigen Schlaf.

Eine böse Fee hatte diesen Fluch über sie geschickt, weil sie nicht zu der Taufe des Mädchens eingeladen war.

Alle Menschen im ganzen Schloss fallen ebenfalls in den Tiefschlaf.

Während der folgenden hundert Jahre wächst eine große Dornenhecke aus Rosen rund herum um das Schloss, so dass niemand mehr hinein kommt.

Ein junger Prinz durchbricht schließlich die Dornen, und er küsst die Prinzessin aus ihrem langen Schlaf wach.

Lösung: Dornröschen.

Dieses Geschöpf sieht aus wie ein Mensch,
ist aber um ein Vielfaches größer als ein Mensch,
oft zwei- oder dreimal so groß.

Meistens handelt es sich um einen Mann, der weit
hinter den Bergen lebt, wo ihn
niemand stört. Es soll auch einen gegeben haben, der
im Riesengebirge gewohnt hat.

Es gibt unter ihnen, wie bei den Feen, gute und böse
ihrer Art, aber immer sind sie ein bisschen
dümmlich und einfach dargestellt.

Manche von ihnen, die weiter nördlich auf der
Erdkugel leben, werden auch Trolle genannt und
scheinen mit ihnen verwandt zu sein.

Das tapfere Schneiderlein
hatte es gleich mit zwei von ihnen zu tun, die er beide
geschickt überlisten konnte.

So viel größer als andere Menschen zu sein,
das erlebte auch Gulliver bei seinen Reisen, als er mit
dem Schiff in Liliput landete.

Lösung: Riese.

Es ist ein junges Mädchen, das in einem großen Schloss wohnt.

Sie ist ganz besonders hübsch und trägt immer schöne und edle Kleider.

Ihre Eltern sind der König und die Königin des Landes, und es ist ihr vorherbestimmt, dass sie einen Prinzen heiraten wird.

Demjenigen, der sie heiraten möchte, wird vom König oftmals vorweg eine schwere Prüfung auferlegt, die er bestehen muss.

In den meisten Fällen bekommt die schöne junge Frau im Märchen ihren Traumprinzen.

Es gab eine unter ihnen, die saß auf einer Erbse, eine andere küsste einen Frosch und wieder eine andere war im Turm gefangen und
ließ ihr Haar herab, damit der Prinz sie befreie.

Lösung: Prinzessin.

Es ist ein außergewöhnlich kleiner Mensch, aber es ist kein Kind, sondern ein Erwachsener.

Typische Merkmale der Kleinwüchsigen sind lange, weiße Bärte und bunte Zipfelmützen.

Auch von ihnen gibt es sowohl liebe als auch böse Gesellen.

In dem Märchen „Schneeweißchen und Rosenrot" ist es ein kleiner, gehässiger Kerl.

Eine liebe Truppe von sieben Mann hingegen wohnte einst hinter den sieben Bergen.

Schneewittchen verdankte den sieben kleinen Männern ihr Leben.

Lösung: Zwerg.

Es sind zwei Lausbuben, die den ganzen Tag nur Schabernack im Kopf hatten.

Wilhelm Busch
war sozusagen der Vater dieser beiden Jungen.

Sieben Streiche heckten die zwei Buben in ihrem Dorf aus, was die Bewohner sehr ärgerte.

Die Witwe Bolte, der Schneider Böck, Onkel Fritze, der Meister Bäcker und Bauer Mecke litten unter ihren bösen Bubenstreichen am meisten.

Bei ihrem letzten Streich schließlich landeten sie selbst durch einen Trick des Bauern in der Mühle und wurden von den Hühnern aufgepickt.

„Gott sei Dank, nun ist's vorbei, mit der Übeltäterei", so heißt es hier schließlich am Ende der Geschichte.

Lösung: Max und Moritz.

Es ist ein Haus, aber kein gewöhnliches,
es hat weder Ziegelsteine noch Dachpfannen.

Das Haus steht mitten im Wald,
der Schornstein dampft und man rätselt, wer wohl in
solch einem Hause wohnt.

Die Besitzerin ist eine böse Hexe,
die mit ihrer Katze hier haust.

Hier her kamen einst auch Hänsel und Gretel, als sie
sich im großen, dunklen Wald verlaufen hatten.

Das ganze Haus ist rundherum mit Leckereien
umhüllt, vor allem große Stücke
Lebkuchen kleben an allen Wänden und am Dach.

Zu Weihnachten ist dieses leckere Haus in vielen
Stuben zu finden, über das sich vor allem die Kinder
besonders freuen und es nach und nach vernaschen.

Lösung: Knusperhäuschen.

Sie ist wie der Weihnachtsmann, niemand hat sie jemals gesehen, und doch scheint es sie zu geben.

Sie besucht in der Nacht die kleinen Mädchen und Jungen an ihren Betten, während sie schlafen.

Die Frau ist besonders klein und besitzt außerdem Flügel, um so von Haus zu Haus fliegen zu können.

Sie nimmt den Kindern nachts etwas weg und legt ihnen dafür etwas anderes hin.

Sie ist aber keine Hexe.

Die kleine Frau kommt nur zu Kindern, die ihre Zähne verloren haben und diese unter ihren Kopfkissen versteckt haben.

Lösung: Zahnfee.

Dies ist ein Gegenstand, wie ihn jeder im Badezimmer hat, und doch ist er ganz anders.
Es gibt dieses besondere Stück leider nur in der Märchenwelt.
Er hängt entweder an der Wand oder man hält ihn in der Hand.
Man kann in ihn hinein sehen, mit ihm sprechen oder auch in ihm verschwinden.
Durch ihn hindurch ist so manch einer schon einmal an einen anderen Ort gelangt.
„... an der Wand, wer ist die schönste im ganzen Land", dies fragt die böse Königin bei Schneewittchen und schaut dabei in den besagten Gegenstand.
Lösung: Zauberspiegel.

Es handelt sich hierbei um ein Tier.
Das Tier ist glitschig und meist knallgrün. Es gehört zu der Gattung der Amphibien.
Wenn es etwas von sich gibt, quakt es.
Man findet dieses kleine Tier am See oder auch an einem Brunnen sitzen.
Wenn man Glück hat, verbirgt sich hinter dem kleinen, grünen Tierchen auch ein verwunschener Prinz, der von einer bösen Fee verhext worden war.
Wenn eine junge Prinzessin ihn dann küsst, löst sich der Fluch und er wird in den hübschen Prinzen zurück verwandelt.
Lösung: Frosch.

Dies ist ein ganz bekanntes Geschwisterpaar, das alle Kinder kennen.

Die Familie ist arm, so dass die Mutter den Jungen und das Mädchen von Zuhause weg jagt.

Die beiden verlaufen sich schließlich im Wald und kommen an ein Hexenhäuschen.

**Die böse Hexe, die hier wohnt, lässt das kleine Mädchen hart arbeiten,
und den Jungen will sie später essen.**

Die Geschwister können sie aber austricksen und stecken schließlich die Hexe in den heißen Offen.

Die Kinder finden zurück nach Hause und bleiben bei ihrem Vater, der sie schon vermisst hatte.

Lösung: Hänsel und Gretel.

Diese Person ist eine Oma.

In einem bekannten Märchen hat sie eine Enkeltochter, die sie immer besuchen kommt, weil sie alt und krank im Bett liegt.

Mit einem Korb voller leckerer Sachen besucht das Mädchen stets seine Oma und fragt nach ihrem Befinden.

Eines Tages wird die Oma von einem Wolf gefressen, der das Mädchen im Wald vorher ausspioniert hatte.

Beim nächsten Besuch der Oma wundert sich das Mädchen über das Aussehen ihrer Oma.

„... warum hast Du so große Ohren?" fragt sie schließlich den Wolf, der an Stelle der alten Dame im Bett liegt.

Lösung: Großmutter.

Vier alte Haustiere sollen wegen ihres Alters von dem Besitzer getötet werden.

Ein Esel, ein Hund, eine Katze und ein Hahn fliehen vom Hof.

Obwohl sie Musiker werden wollen, spielen sie keine Instrumente.

Im Wald vertreiben die vier Tiere zusammen böse Räuber aus einem Haus.

Fortan leben sie zusammen in dem Haus im Wald und lassen es sich gut gehen.

Sie sind allerdings nie in die Stadt gekommen, in die sie eigentlich hatten wandern wollen.

Lösung: Die Bremer Stadtmusikanten.

Sie ist eine von drei Schwestern aus der griechischen Mythologie.

Die hier Gesuchte war die einzige von den Dreien, die sterblich war.

Sie wurde von der Göttin Athene mit einem Fluch belegt, weil sie sie betrogen hatte.

Durch diesen Fluch wurden ihre Haare zu Schlangen.

Außerdem heißt es, sie habe Reißzähne und eine Schuppenhaut dadurch bekommen.

Wer fortan ihre Augen erblickte, wurde sofort zu Stein.

Lösung: Medusa.

Dies ist ein ganz besonderes Tier.

**Es gehört zu der Sorte Lasttiere,
hat aber eine ganz besondere Eigenschaft, die sonst
keines dieser Tiere besitzt.**

**Ein Müllerssohn bekommt ihn nach seiner Lehrzeit
von seinem Meister geschenkt.**

**Seine beiden Brüder bekommen jeweils einen Tisch
und einen Knüppel.**

**Das Tischlein deckt sich von selbst
mit Leckereien und der Knüppel verjagt böse
Gesellen, die die Brüder bestehlen wollen.**

**Mit den Worten „Bricklebrit" vollführt auch dieses
Tier, wie auch der Tisch und der Knüppel,
eine Art Zauberstück.**

Lösung: Goldesel.

Hierbei handelt es sich um eine männliche Katze.

Im Märchen sitzt dieses Tier oft auf der Schulter einer bösen Hexe.

Er ist demnach mal böses Beiwerk, aber oftmals auch ein guter Kamerad.

So gibt es ihn zum Beispiel „gestiefelt", das heißt, angezogen mit einem Paar Stiefel.

Seinem Herrn dient das Tier, so gut er kann.

Mit pfiffigen Tricks besorgt das „gestiefelte" Tier seinem Herrn ein schönes Schloss und einen Königstitel.

Lösung: Kater.

Hier geht es um ein Staatsoberhaupt, das sich neue Kleidung nähen lassen möchte.

Zwei Betrüger nähen ihm scheinbar Kleider, die nur ausgewählte Personen sehen könnten, für alle anderen aber unsichtbar seien.

Auch er selbst sieht die Kleider nicht, lässt sich aber nichts anmerken.

Bei einer Parade geht er schließlich mit den unsichtbaren Kleidern aus.

Das Volk belächelt ihn, weil er nichts anhat.

Auch hier lässt er sich nichts anmerken und setzt seine Parade fort.

Lösung: **Des Kaisers neue Kleider.**

Sie ist ein Mädchen,
dessen Eltern längst gestorben sind.

Nun lebt sie mit ihrer bösen Stiefmutter und ihrer Stiefschwester zusammen.

Stets muss sie Arbeiten im Hof erledigen,
wobei Tauben ihr jedes Mal zur Hilfe kommen.

Ein Zauberbaum besorgt ihr schöne Kleider.

Auf einem Ball verliebt sie sich in einen Prinzen,
flüchtet aber und verliert ihren Schuh.

Der Prinz findet seine Geliebte, passt ihr den Schuh an und es wird geheiratet.

Lösung: Aschenputtel.

Das Lebewesen ist im **Wasser** zu Hause und wohnt in einem Reich am Meeresgrund, es ist aber kein Fisch.

Die eine Hälfte ist menschlich, die andere ein Tier.

Sie hat Schuppen, jedoch nicht auf dem Kopf mit dem langen grünen Haar.

Mit ihrem Unterkörper schwimmt sie schnell wie ein Pfeil durch das Wasser.

In einer skandinavischen Hauptstadt ist die Darstellung ihrer Figur auf einem Felsen ein Besuchermagnet.

Ihr männlicher Gegenpart ist der Wassermann.

Lösung: Meerjungfrau.

Er wohnt in den dunklen Tiefen der Erde
und ist der Gegenspieler der Himmelsbewohner.

Ruft man seinen Namen, so kommt er herbei.

Er liebt die Hitze des Feuers
und sein zu Hause ist die Hölle.

Meist trägt er schwarz,
hat zwei Hörner und einen Schwanz.

Er hat in jeder Sprache
einen anderen Namen und jeder fürchtet ihn.

Man sagt, er habe seine Großmutter verkauft
und ist ein geschickter Händler.

Lösung: Teufel.

Einmal im Jahr hat er an einem Sonntag seinen großen Auftritt.

Das Huhn legt es, und er bemalt und versteckt es.

Sein Gang ist etwas hoppelig, seine Ohren sind lang und er sitzt gern im Gras.

Er arbeitet in den frühen Morgenstunden, ist fleißig und schnell und hört auf den Namen "Meister Lampe".

Kinder erfreuen sich an ihm, wenn sie ihn entdecken, und suchen seine versteckten Mitbringsel.

Das Tier gilt als Symbol für Fruchtbarkeit und einen herannahenden Jahreszeitenwechsel.

Lösung: Osterhase.

Die Brüder Grimm erzählen die Geschichte von Hinterlist und Tücke.

Hauptpersonen sind sieben Kinder und die Mutter einer Haustierrasse und ein pelziges Wildtier.

Die Mutter verlässt das Haus, die Kinder bleiben allein und dürfen nicht die Tür öffnen.

Mit List gelangt der Übeltäter ins Haus und verschlingt alle Kinder, bis auf einen.

Das Gehäuse der Standuhr ist ein sicheres Versteck und schützt den Jüngsten vor dem Bösewicht.

Die Mutter rettet ihre Kinder mit Schere, Nadel und Faden, dem Pelzträger bleibt ein Bauch voller Steine.

Lösung: Der Wolf und die sieben Geißlein.

Es ist ein Begriff mit verschiedenen Bedeutungen, wobei das eine in dem anderen vorhanden sein kann.
Es ist sowohl ein imposantes Haus, als auch zum Verschließen von Türen und Schätzen geeignet.
Das Haus beherbergt adelige Bewohner und die Zimmer heißen Gemächer, von denen jeder mehr als eins hat.
Das Gebäude hat meist Türme, einen Ballsaal, einen Speisesaal und steht auf einer Anhöhe.
Eine architektonische Meisterleistung dieser Gebäudeart ist in Neuschwanenstein zu besuchen.
Ganze Königsfamilien leben hinter dicken Mauern und winken zu gegebener Zeit vom Balkon.
Lösung: Schloss.

Er konnte sich fantastische Geschichten ausdenken und erzählen.

Er reiste auf einer Kanonenkugel durch die Luft und wechselte dabei sogar die Richtung.

Mit der Kraft seines Armes zog er sich und sein Pferd am Kragen des Mantels aus dem Sumpf.

Er war der einzige Besitzer eines tollwütigen Gehrocks, ein Hundebiss übertrug die Krankheit auf das Kleidungsstück.

Er war ein herrschaftlicher Erzähler und seine Besucher kamen von weit her, um den unglaublichen Geschichten zuzuhören.

Heute wird der Freiherr des erzählens der Unwahrheiten bezichtigt und trägt den Namen "Lügenbaron"

Lösung: Baron Münchhausen.

Die Mutter legt großen Wert auf eine gesunde
Ernährung in der Schwangerschaft
und bevorzugt frische Lebensmittel.

Der Name der Person geht auf
die bevorzugte Salatpflanze der Mutter zurück.

In Teenagerjahren zieht das Mädchen
allein in den Turm einer bösen Zauberin.

Ihre Haarpracht lässt viele Frauen vor Neid erblassen,
geflochten dient es als Leiter zu ihrem Zimmer.

Sie verlässt ihr zu Hause nie,
sie bekommt Besuch nur nach dem Aufsagen einer
Losung zum Herablassen des Haarstrangs.

Ein Königssohn erlöst das Mädchen
aus seinen Turmzimmer und sie lebten glücklich bis
zum Ende ihrer Tage.

Lösung: Rapunzel.

Es ist ein Handwerksgerät aus Holz,
es war in jedem Haushalt und in den Werkstätten der
Tuchmacher zu finden.

Es hat ein Rad und auch einen Flügel
man kann jedoch nicht damit fahren oder fliegen.

Gab ein Schaf Milch und sein Kleid, so wurde die
dicke Wolle hiermit in ein feines Garn verwandelt.

Im Märchen vermag die Tochter eines Müllers damit,
in kurzer Zeit aus Stroh Gold zu machen.

In einem Königreich wurde das Gerät verbrannt,
da der Stich an der Spindel
einen langen Schlaf hervorrufen sollte.

Betrieben wurde das Gerät mit Körperkraft, ein
gleichmäßig wippender Fuß sorgte für den Antrieb.

Lösung: Spinnrad.

Es ist ein Gebäude, das von kleinwüchsigen Fabelwesen bewohnt wird.

An der Garderobe sind Haken für die Zipfelmützen, die Einrichtung ist im Miniaturformat.

Die berühmtesten Bewohner waren sieben Bergleute und ein junges Mädchen.

Die Hausherren sind von menschlicher Gestalt und tragen häufig einen Bart.

Die kleinen Wesen bekamen in dem gesuchten Gebäude auch Besuch von einer schönen Prinzessin und einer bösen Hexe.

Das Heim liegt meist sorgfältig versteckt im Wald, unter einer Wurzel oder sogar in einem Pilz.

Lösung: Zwergen-Haus.

Viele von ihnen wurden über Jahrzehnte in einem
dicken Buch niedergeschrieben.

Es ist die verbale Magie eines guten
Zauberers oder einer Fee.

Mit diesen Worten werden die guten und bösen
Mächte beschworen, mal laut,
mal leise und der Zauberstab setzt den Punkt.

Der berühmteste ist wohl
"Abrakadabra Simsalabim, dreimal schwarzer Kater".

Sie machen unsichtbar, vermehren Reichtum,
sorgen für gutes Wetter und helfen
in Liebesangelegenheiten.

Hexen murmeln diese magischen Formeln
bei der Zubereitung von
Zaubertränken aus Kräutern und Wurzeln.

Lösung: Zauberspruch.

Der Behälter wird eigentlich mit Öl gefüllt und sorgt für Licht in der Nacht, doch manchmal wohnt ein Geist im Inneren.

Das Reiben an der Außenseite des metallischen Gegenstandes weckt den Bewohner, der sich Dschinn nennt.

Es ist eigentlich eine Leuchte, doch diese hier verbreitet kein Licht in der Dunkelheit.

Lockt der Besitzer den Geist aus dem Gefäß, so erfüllt dieser drei Wünsche. Es sollte Weise gewählt werden.

In den langen zahlreichen Nächten des Morgenlandes wird von der Magie dieses sagenumwobenen Gegenstandes berichtet.

Ein berühmter Besitzer war ein armer Dieb, der es mithilfe des Dschinni zu Reichtum und königlichem Familienanschluss geschafft hat.

Lösung: Wunderlampe.

Ein Witwer mit zwei Kindern, ein Junge und ein Mädchen, heiratet noch einmal und wählt eine herrschsüchtige Frau mit einer Tochter als seine Partnerin.

Neid und Eifersucht erfüllt die Stiefmutter und die Kinder des Mannes leiden sehr.

Das traurige Geschwisterpaar reißt eines Tages von zu Hause aus, läuft in den Wald und lebt dort in einer alten Hütte.

Die böse Stiefmutter belegt alle Wasserstellen im Wald mit einem Fluch, der das Trinken aus einem Brunnen zur Gefahr macht.

Der Junge verwandelt sich nach dem Trinken des Wassers in ein Reh, doch die Geschwister halten zusammen.

Ein Jäger und ein Prinz werden zum Retter und die Liebe überwindet am Ende alle Hindernisse.

Lösung: Brüderchen und Schwesterchen.

Eine besondere Sitzposition mit überkreuzten Beinen ist nach dieser Berufsgruppe benannt.

Das Werkzeug dieser Handwerker sind Schere, Nadel, Faden sowie ein Bügeleisen, sein Material ist das Tuch.

Er fertigt mit seinen Händen die schönsten Kleider und elegantesten Anzüge für Frauen und Männer an.

Soll ein Kleidungsstück passgenau und einzigartig sein, so führt kein Weg an seinem Geschick vorbei.

Ist ein Riss im Lieblingsstück oder ein Knopf verloren gegangen, weiß er Rat und schafft Abhilfe.

Wäre er ein Maler, so ist der Körper seine Leinwand und die Stoffe sind seine Farben.

Lösung: Schneider.

Die Tierart gehört zur Familie der Stirnwaffenträger
und fühlt sich auf den saftigen
grünen Wiesen der Gebirgswelt wohl.

Als Haustier liefert das Huftier Milch, aus der
schmackhafter und würziger Käse produziert wird.

Die Eltern der gesuchten Jungtiere heißen Ziege und
Bock, die das Herdenleben bevorzugen.

Unverkennbar sind ihr meckerartiges Rufen und ihre
Kletterkünste auf unebenem Grund.

Tiere dieser Art sind auf Streichelwiesen
im Zoo zu finden, sie zieren Wappen und sind das
Maskottchen eines Fußballvereins.

Im Märchen ist das Fleisch
auch für den Wolf eine Delikatesse und er verschlingt
sechs Geschwisterkinder.

Lösung: Geißlein.

Es ist ein Zeichen der Liebe und der Zuneigung und zeigt sich zwischen allen Menschen,
die sich gern haben.

In einigen Ländern wird er zur Begrüßung rechts und links auf die Wangen gehaucht,
dabei kommt es kaum zum Hautkontakt.

Treffen sich in der Weihnachtszeit zwei Menschen unter dem Mistelzweig, so ist dieses
ein verpflichtendes Ritual, das bei Ignorierung mit Pech belegt wird.

Bei einem Austausch zwischen Liebenden werden 34 Muskeln des Gesichts angespannt,
die Lippen werden trainiert und der Faltenbildung wird vorgebeugt.

Auf die eigene Hand gesetzt und leicht gepustet, findet der Zuneigungsbeweis durch die Luft
den weitesten Weg zum Empfänger.

So schön es ist, niemand kann es alleine machen, es ist eins der wenigen Dinge
an denen immer zwei beteiligt sein müssen.

Lösung: Kuss.

Sie lebt mit ihrer bösen Stiefmutter
unter einem Dach, diese ist wunderschön, aber
kaltherzig und ihr engster Vertrauter ist ein Spiegel.

Ihre Haut ist weiß wie Schnee,
das dichte Haar ist schwarz wie Ebenholz
und die Lippen sind rot wie Blut.

Sie verlässt das vertraute Zuhause und zieht in
eine Wohngemeinschaft mit sieben kleinwüchsigen
Bartträgern, die in einem Bergwerk arbeiten.

Nach einer vergifteten Nadel und einem Kamm wird
ihr der Genuss von einem
vermeintlich gesunden Stück Obst zum Verhängnis.

Auch in einem gläsernen Sarg
ist ihre Schönheit unvermindert groß, sodass ein
Königsohn sich in die leblose Frau verliebt.

Eine Baumwurzel bringt die junge Frau
zurück ins Leben und beschert ihr
ein glückliches Leben an der Seite des Prinzen.

Lösung: Schneewittchen.

Sie sitzt auf einem Felsen und ihr lieblicher Gesang zieht Männer in ihren Bann.

Die Sängerin hat langes goldenes Haar und sie kämmt es, sitzend auf ihrem Lieblingsplatz hoch über der tiefsten Stelle eines Flusses.

Der Anblick und die Melodie lenkten Schifffahrer von gefährlichen Stromschnellen ab und rissen Schiff und Besatzung in die Fluten des Flusses.

Sie trägt den Namen des Felsens, der so hoch über das Flussbett herausragt und vielen Besuchern den Ausblick über eine der schönsten Landschaften Deutschlands genießen lässt.

Sie ist von weiblicher Gestalt, doch ist sie wohl kein Mensch, vielleicht eine Nixe oder sogar eine Fee, die Schiffsführer mit einem magischen Bann belegt.

Ihr Zuhause ist der Rhein, heute ist der Lieblingsplatz des Wesens ein Teil des UNESCO-Weltkulturerbes.

Lösung: Die Jungfrau auf der Lorelei.

Die Person geht allein in einer Werkstatt seinem Handwerk mit Nadel und Faden nach.

Als Fliegen sein geliebtes Brot mit Mus vernaschen, erschlägt er sieben von ihnen auf einen Streich.

Stolz trägt er seine Tat zur Schau, prahlt mit seinem Heldentum und macht sie im ganzen Land bekannt, woraufhin er von allen gefürchtet wird.

Der Weg zur Hand und dem Herzen der Prinzessin führt über verschiedene Mutproben, dessen Erfolg von allen angezweifelt wird.

Mit List und Täuschung besiegt er zwei Riesen, fängt mit Schwindel ein Einhorn und macht mit schnellen Beinen ein gefährliches Schwein unschädlich.

Er ist nicht der Stärkste, aber sein Mut und seine Geschicklichkeit lassen ihn über sich hinaus wachsen.

Lösung: Das tapfere Schneiderlein.

Menschen mit dieser Gabe lesen in der Hand, und entnehmen hier Informationen wie andere aus einem Buch.

Die Person weiß heute über die Begebenheiten von Morgen und der Zukunft von Personen und deren Umwelt.

Nehmen diese Personen ein Kartenspiel, dann ist es nicht zum Spielen, die Karten zeigen den bevorstehenden Lebensweg.

Zusätzlich zur Gabe verwendet diese Berufsgruppe Kaffeesatz, Knochen, Würfel und Eier, die geworfen und geschüttelt werden und Einblicke in die Zukunft erlauben.

Sie bringen eine Kristallkugel mit der Macht ihrer Gedanken zum Leuchten und öffnen mit ihnen ein Tor in die Welt der vergangenen und kommenden Zeit.

Heute ist das Tätigkeitsfeld auf Jahrmärkte und Rummelplätze beschränkt und für kleines Geld steht allen Neugierigen der Blick in die Zukunft offen.

Lösung: Wahrsager.

Diese Art von Gebäuden gehört unter
anderem zu den Wahrzeichen der Niederlande.

Jedes Haus hat vier Flügel
und fliegt dennoch nicht davon, im Inneren ist ein
großes Rad und doch fährt das Haus nicht davon.

Durch ungemütliche Wetterbedingungen
kommen seine Flügel in Bewegung und beginnen mit
der Arbeit.

Der Herr des Hauses heißt Müller und mahlt mit
einem großen Stein das Korn zu Mehl.

Im Märchen vom gestiefelten Kater wird das Gebäude
an den erstgeborenen Sohn vererbt.

Die Form des Hauses ist rund und
erinnert an einen Pilz.

Lösung: Windmühle.

Es ist die Hauptattraktion auf jedem Ball und endet oft erst im Morgengrauen.

Das Orchester spielt auf und bittet zur Drehung auf das Parkett, doch manch einer zeigt dabei zwei linke Füße.

Die Bewegung zur Musik folgt einer Reihenfolge von eingeübten Schritten, die in „besonderen" Schulen erlernt werden können.

Es ist eine Sportart, die zu zweit aber auch in einer Gruppe ausgeübt wird.

Ein Walzer ist eine besonders schwungvolle Variante der Tätigkeit, doch auch Formationen im Kreis oder eine Polonaise sind beliebte Ausführungen.

Bei der Hochzeit eröffnen Braut und Bräutigam allein dieses Vergnügen und begehen ihre ersten Schritte als Ehepaar.

Lösung: Tanz.

Sie ist die Mutter von Prinzen und Prinzessinnen und besetzt die höchste Position in einem Land.

Das Symbol ihrer Position trägt sie als Krone auf dem Kopf, die sie meist nur zum Repräsentieren zeigt.

Sie wohnt in einem Schloss und ist entweder die Frau des Monarchen oder des Prinzgemahls. Sie ist auch die Trägerin der Kronjuwelen.

In vielen Völkern und Staaten ist sie das Oberhaupt, sogar bei den Ameisen und Bienen.

Die perfekte Begrüßung zur Wahrung der Etikette ist ein tiefer Knicks.

Ihr Tagesablauf folgt dem des Protokolls und der Gepflogenheiten des Hofes.

Lösung: Königin.

Es sind kleine Haus- und Naturgeister und stecken voller Schabernack.
Die kleinen Wesen schützen Haus und Hof, necken die Bewohner - doch richten sie niemals Schaden an, so verlegen sie gern Dinge und haben schon Ärmel und Hosenbeine zugenäht.
Es besteht ein enges Verwandtschaftsverhältnis zu den Zwergen und Wichtel.
In Deutschland, besonders im Köln, sind die kleinen Wesen auch als Heinzelmännchen bekannt.
Die kleinen Helferlein sind magisch und intelligent, sie sind handwerklich geschickt und sind gute Köche.
Niemand hat sie je gesehen, manchmal ist ein leises Rascheln zuhören und am Morgen ist das geschaffte Nachtwerk vorzufinden.
Lösung: Kobold.

Es ist ein Wälzer mit unzähligen vergilbten Seiten, der viele Jahrhunderte alt ist.

Es ist das umfassende Notizbuch von Magiern, Zauberern und Feen und wird über Generationen gepflegt und vererbt.

Der Inhalt auf den Seiten ist magisch und für einfache Menschen wertlos.

Sprüche sind hier notiert, die das Gute und Böse beschwören können.

Ein wahrer Magier zählt ein eigenes Exemplar zu seinen Besitztümern.

In so manchem Buch existiert ein Eigenleben, selbst mit einem Schwur belegt öffnet es sich nur für die richtige Person.

Lösung: Zauberbuch.

Entdecken Sie unser reichhaltiges Buchsortiment auf
www.Aktivierungscoach.de

„Ich habe Ihre Biografie gelesen!", sagt die Alltagsbegleiterin Lieselotte voller Stolz. Doch sie hat leider keine Idee, was mit diesem Wissen jetzt anfangen soll. Ihr fehlt schlicht die richtige Inspiration für eine ressourcenorientierte Seniorenbeschäftigung. Kennen Sie das?

Kein Problem!

Anbei finden Sie eine kleine Übersicht unseres reichhaltigen Senioren-Beschäftigungsprogramms. Diese sind allesamt sehr einfach strukturiert und gestaltet und eignen sich deshalb zum sofortigen, mühelosen Einsatz.
Sie müssen lediglich die entsprechenden Angebote den richtigen Bewohnern zuordnen – ressourcenorientiert, und zwar so, dass diese mit den Aufgaben nicht überfordert sind.

Finden Sie jetzt auf unserer Internetseite das richtige Beschäftigungsangebot – günstig, einfach, effektiv.

Wir freuen uns auf Ihren Besuch.

Entdecken Sie unser reichhaltiges Buchsortiment auf
www.Aktivierungscoach.de

Umschreibung 5
(Seniorenbeschäftigung)

Früher spielten wir noch mit Murmeln (Band 5 von 5) … und nicht nur das! Früher spielten wir, im Gegensatz zu heute, auch viel mehr draußen. „Ach, was war das doch für eine schöne Zeit." „Wir spielten Fangen, Räuber und Gendarm oder sprangen lustig durch die Pfützen. Ach, war das damals schön!" Mit diesem Rateheft können Sie diese Zeiten, beziehungsweise die Erinnerungen daran, gemeinsam mit Ihren Bewohnern wiedererwecken und mit diesem „Blick in die Vergangenheit" vielleicht auch den ein oder anderen Bewohner zum Erzählen animieren.
Erfahren Sie, was es für schöne Spiele früher gab und wie man sich in der Freizeit damals ohne Laptop, Computer oder Handy beschäftigt hat.

ISBN-13: 978-1979364119

Mitgemacht mit Hand und Fuß
(Seniorenbeschäftigung)

Eine abwechslungsreiche Alternative zur berühmten Seniorenkreisbeschäftigung „Sitztanz" Der Sitztanz gehört zu den wohl bekanntesten körperlichen Bewegungsförderungen in der Seniorenbetreuung und wird in vielen Einrichtungen von Betreuungskräften gemäß §§ 43b, 53c SGB XI durchgeführt. Dadurch aktivieren die Betreuer auf einfachste Art die eingeschränkten körperlichen Fähigkeiten sowie das Wohlbefinden der Bewohner. Doch irgendwann kann auch diese gutgemeinte, sich ständig wiederholende Aktivierung langweilen, und so ist es sicherlich sinnvoll, hin und wieder das…

ISBN-13: 978-1548712297

Entdecken Sie unser reichhaltiges Buchsortiment auf
www.Aktivierungscoach.de

Die Geschichte der Seniorenbetreuung
(Sachbuch)

Der Beruf des Alltagsbegleiters/der Alltagsbegleiterin und Betreuungsassistenten/Betreuungsassistentin ist ein Beruf, der von den meisten Fachkräften mit besonders viel Hingabe und einer Extra-Portion Idealismus durchgeführt wird. Ein Beruf, in dem die Wertschätzung für die älteren Generationen ein wesentlicher Bestandteil und unentbehrlich für eine erfolgreiche und sinnvolle Begleitung und Beschäftigung in der Alltagsgestaltung und -bewältigung der Senioren darstellt. Doch wussten Sie eigentlich, dass dieser Beruf erst mit dem Pflege-Weiterentwicklungsgesetz zur Betreuungskraft nach § 87b SGB XI im Jahre 2008 geschaffen wurde? Wie wurden pflegebedürftige ältere Menschen vorher unterstützt? Gab es bis zu diesem Zeitpunkt überhaupt eine Betreuung oder Aktivierung von Senioren in Seniorenheimen? Und Seniorenheime, seit wann gibt es diese Einrichtungen für unsere älteren Mitbürger überhaupt? _Erfahren Sie in diesem Sachbuch mehr über die Entstehung Ihres geliebten Berufs und eignen Sie sich zusätzliches Wissen außerhalb der standardisierten Fortbildungen und Seminare an. Denn auch die Geschichte Ihres Berufes sollte Ihnen zumindest etwas bekannt sein. Erweitern Sie daher Ihr Grundwissen mit diesem sachlichen, plausiblen und sprachlich leicht verständlichen Geschichtssachbuch zum Thema Seniorenbetreuung.

ISBN-13: 978-1975890643

Quellenangabe

Autor: Marianne T. /Pseudonym (A-190510) & Ilka S. /Pseudonym (A-398939) Illustration Buchcover : Palych © Can Stock Photo, Foto Seite 3: Edyta Linek©123rf.com, Illustration Seite 4: owncham © Can Stock Photo, Illustration Seite 5: maia3000 © Can Stock Photo, Illustration Seite 6: carla francesca Castagno ©123rf.com, Foto Seite 7: macsim © Can Stock Photo, Illustration Seite 8: Gustav Süs (1855) ©Wikimedia Commons Gemeinfrei, Illustration Seite 9: RainbowArt © pixabay.com, Illustration Seite 10 & 18 & 20 & 29: Dazdraperma © Can Stock Photo, Illustration Seite 11: Friedrich Justin Bertuch, Bilderbuch für Kinder, 1790-1830 ©Wikimedia Commons Gemeinfrei, Illustration Seite 12: Jo-B© pixabay.com, Illustration Seite 13: bf5man© openclipart.org, Illustration Seite 14: 35vlad63 © Can Stock Photo, Ilustration Seite 15: von Alexander Zick (1845 - 1907) ©Wikimedia Commons Gemeinfrei, Illustration Seite 16: Wilhelm Busch 1832-1908 ©Wikimedia Commons Gemeinfrei, Illustration Seite 17: nan104 © Can Stock Photo, Illustration Seite 19: OpenClipart-Vectors © pixabay.com Illustration Seite 21:scusi © Can Stock Photo, Illustration Seite 1 & 22: © AlexBannykh © Can Stock Photo, Illustration Seite 23: Clker- Free- Vector -Images©pixabay.com, Illustration Seite 24: Malchev © Can Stock Photo, Illustration Seite 25: mirys © openclipart.org, Illustration Seite 26: Jo-B© pixabay.com, Illustration Seite 27: "The Emperor's New Clothes." Vilhelm Pedersen (1820 - 1859) © Wikimedia Commons Gemeinfrei, Illustration Seite 28: Nicoletalonescu © Can Stock Photo, Illustration Seite 30 & 31 & 44: memoangeles © Can Stock Photo, Illustration Seite 32: Karl Fahringer (1874–1952) © Wikimedia Commons Gemeinfrei, Foto Seite 33: jonathansautter © pixabay.com, Illustration Seite 34: August von Wille (1828 – 1887) ©Wikimedia Commons Gemeinfrei, Illustration Seite 35: Tigatelu © Can Stock Photo, Foto Seite 36: By Detroit Publishing Co. © Wikimedia Commons Gemeinfrei, Foto Seite 37 & 46: By Offterdinger, photo by Harke © Wikimedia Commons Gemeinfrei, Illustration Seite 38: GDJ© openclipart.org, Illustration Seite 39: Krisdog © Can Stock Photo, Illustration Seite 40: Ludwig Emil Grimm (1790- 1863) © Wikimedia Commons Gemeinfrei, Illustration Seite 41: Alexander Zick (1845- 1907) © Wikia.com Gemeinfrei, Foto Seite 42: bazilfoto © Can Stock Photo, Illustration Seite 43: lenm © Can Stock Photo, Gemälde Seite 45: Philipp von Foltz (1805- 1877) ©Wikimedia Commons Gemeinfrei, Illustration Seite 47: yelet © Can Stock Photo, Foto Seite 48: Momentmal ©pixabay.com, Illustration Seite 49: ArtsyBee © pixabay.com, Illustration Seite 50: OpenClipart- Vectors © pixabay.com, Illustration Seite 51: V_Gri © Can Stock Photo, Foto Seite 52: colematt © Can Stock Photo, Foto Seite 53: Bialasiewicz © Can Stock Photo.

Copyright © 2017 by Denis Geier